Les religions

QuébecAmérique

Projet dirigé par Marie-Anne Legault, éditrice

Chargée de projet et conceptrice : Joliane Roy
Rédaction et expert-consultant : André-Carl Vachon
Conception graphique et mise en pages : Fedoua El Koudri et Nathalie Caron
Illustration : Valérie Desrochers et Marthe Boisjoly
Révision linguistique : Sabrina Raymond
Conseillère pédagogique : Anne Gucciardi

Québec Amérique
7240, rue Saint-Hubert
Montréal (Québec) Canada H2R 2N1
Téléphone : 514 499-3000, télécopieur : 514 499-3010

Nous reconnaissons l'aide financière du gouvernement du Canada.

Nous remercions le Conseil des arts du Canada de son soutien.
We acknowledge the support of the Canada Council for the Arts.

Nous tenons également à remercier la SODEC pour son appui financier.
Gouvernement du Québec – Programme de crédit d'impôt pour l'édition
de livres – Gestion SODEC.

Canada   Conseil des arts Canada Council   SODEC
            du Canada   for the Arts   Québec

**Catalogage avant publication de Bibliothèque et Archives
nationales du Québec et Bibliothèque et Archives Canada**

Titre : Les religions / QA collectif.
Description : Mention de collection : Sa[voir]
Identifiants : Canadiana (livre imprimé) 20210058706 |
Canadiana (livre numérique) 20210058714 | ISBN 9782764444504 |
ISBN 9782764444511 (PDF)
Vedettes-matière : RVM : Religions—Ouvrages pour la jeunesse. |
RVMGF : Documents pour la jeunesse.
Classification : LCC BL92.R45 2021 | CDD j200—dc23

Dépôt légal, Bibliothèque et Archives nationales du Québec, 2021
Dépôt légal, Bibliothèque et Archives du Canada, 2021

Crédits photo

p. 10 : Homo Cosmicos / shutterstock.com et
Intarapong / shutterstock.com

p. 12 : Alexander Sviridov / shutterstock.com et
SL-Photography / shutterstock.com

p. 14 : FiledIMAGE / shutterstock.com et Kedofoto /
shutterstock.com

p. 15 : Petr Bonek / shutterstock.com

p. 17 : chuyuss / shutterstock.com

p. 19 : sharptoyou / shutterstock.com, Nabaraj Regmi /
shutterstock.com et Efired / shutterstock.com

p. 21 : YP_Studio / shutterstock.com, javarman /
shutterstock.com et Adel Newman /
shutterstock.com

p. 22 : Mikhail Markovskiy / shutterstock.com

p. 23 : EAZN / shutterstock.com et ARK NEYMAN /
shutterstock.com

p. 24 : dmitry_islentev / shutterstock.com

p. 25 : TTstudio / shutterstock.com, Thoom /
shutterstock.com, Anton_Ivanov /
shutterstock.com et Asier Villafranca /
shutterstock.com

p. 26 : ESB Professional / shutterstock.com

p. 27 : Daniel Prudek / shutterstock.com, Filip Fuxa /
shutterstock.com et Travel Faery /
shutterstock.com

p. 28 : Dmitry Rukhlenko / shutterstock.com

p. 29 : Nejdet Duzen / shutterstock.com et Reading
between the Lines, Gijs Van Vaerenbergh,
picture by Filip Dujardin

Ligne du temps : Iryna Palmina / shutterstock.com,
Morkhatenok / shutterstock.com, Saint Sophia
Constantinopolis / wikimedia.com, Elala /
shutterstock.com, vareennik / shutterstock.com
et Vorobiov Oleksii 8 / shutterstock.com

AUTOUR DU MONDE, c'est un voyage qui te fait découvrir les multiples facettes des peuples et des pays du monde.

LES RELIGIONS ont marqué au fil du temps les diverses cultures de notre planète, jusqu'à influencer l'apparence des lieux. Temples, églises et mosquées se dressent majestueusement au cœur des paysages, des villages et des villes.

Mais quelles sont ces religions ?
Quels sont ces lieux de culte ?

Chaque fois que tu vois un mot en orange, c'est que sa définition se trouve dans le glossaire à la dernière page !

Table des matières

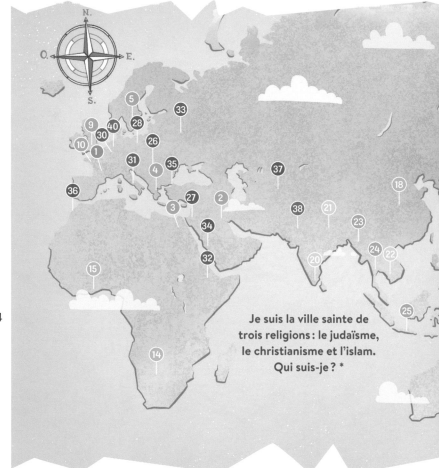

Je suis la ville sainte de trois religions : le judaïsme, le christianisme et l'islam. Qui suis-je ? *

Ligne du temps

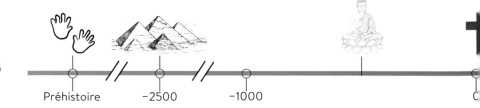

Années   Préhistoire   −2500   −1000

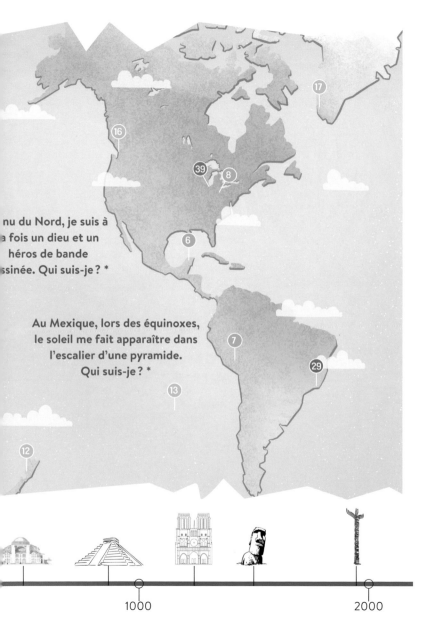

nu du Nord, je suis à
a fois un dieu et un
héros de bande
ssinée. Qui suis-je ? *

Au Mexique, lors des équinoxes,
le soleil me fait apparaître dans
l'escalier d'une pyramide.
Qui suis-je ? *

1000

2000

* Tu trouveras les réponses dans ce livre.

Mais encore, c'est quoi *une religion*?

Le mot « religion » vient du verbe « relier ». La religion relie les croyants à un **dieu**, à un être suprême ou à une force créatrice. Elle relie également les gens qui ont les mêmes croyances. C'est aussi quelque chose de personnel associé à son propre vécu, comme lorsqu'on ressent de l'émerveillement devant la beauté de la nature ou lorsqu'on cherche du réconfort dans les moments difficiles.

La religion, c'est un ensemble de croyances basées sur des récits sacrés. Les croyants participent à des **rites** religieux. On se rassemble pour prier, pour accueillir un nouveau-né, pour assister à un mariage, à des funérailles, à des fêtes religieuses. Les croyants respectent des règles morales ou alimentaires. Par exemple, plusieurs religions prônent la générosité et certaines observent des périodes de **jeûne**. Ces récits, ces rites et ces règles sont encadrés par des personnes qui guident les croyants.

Est-ce que tout le monde a une religion ? Non. Il y a des gens qui n'ont pas de religion parce qu'ils se disent **athées**. Ces personnes ne croient pas en l'existence d'un dieu.

La prière est un moment personnel où l'on s'adresse à un dieu.

Mythes et mythologies

Il y a des **mythes** dans chacune des religions. Quels mythes ? Ceux des récits fabuleux qui racontent la naissance de notre planète, et des êtres vivants. Bien avant le développement de la science et de la théorie du Big Bang, les humains se racontaient des histoires pour expliquer l'existence de tout ce qui les entourait : le Soleil, la Lune, la pluie, les plantes, les animaux, etc.

En Inde et en Chine, on racontait autrefois que le monde avait été créé à partir d'un œuf cosmique. Dans les traditions juives, chrétiennes et musulmanes, on trouve le récit de la création du monde en six jours. Le septième jour, Dieu s'est reposé et a contemplé sa création.

œuf cosmique

La **mythologie** est l'ensemble des mythes d'un peuple. « Mythologie » combine les mots grecs *mythos* et *logos*. *Mythos* veut dire « fable » et *logos* signifie « raconter ». Donc, raconter une fable.

Les courants religieux

Il existe trois grands courants religieux sur la planète.

1. Les **religions ancestrales** sont pour la plupart **animistes**. Ce sont des croyances qui attribuent une âme aux animaux, à certains objets et aux phénomènes naturels. De plus, les croyants rendent souvent hommage à leurs ancêtres lors de cérémonies.

Pour les Premières Nations de l'Amérique du Nord, l'aigle a le pouvoir de communiquer leurs pensées au Grand Esprit.

2. Les **religions polythéistes** sont celles qui incluent plusieurs **dieux**. La majorité de ces religions n'existent plus, comme les religions mésopotamienne, égyptienne ou gréco-romaine. Celle qui existe encore aujourd'hui, c'est l'hindouisme.

On appelle « panthéon » l'ensemble des dieux d'une religion **polythéiste**.

Anubis, Osiris, Isis et Rê sont des dieux égyptiens.

3. Une **religion monothéiste** est la croyance en un seul dieu. Le judaïsme, le christianisme et l'islam sont des religions **monothéistes**. C'est le courant religieux le plus répandu aujourd'hui : plus de la moitié de la population mondiale pratique le christianisme ou l'islam.

La naissance des religions

Un peu d'histoire

Déjà, les humains de la préhistoire croyaient à une vie après la mort. Les archéologues ont découvert des tombes préhistoriques contenant des armes, des objets précieux et des restes de nourriture. Selon nos lointains ancêtres, ces offrandes pouvaient être utiles aux **défunts** dans le monde de l'au-delà. Des tombes découvertes au Proche-Orient ont près de 100 000 ans !

Les chercheurs ont trouvé des peintures préhistoriques dans des grottes, comme à **Lascaux** ou à **Vallon-Pont-d'Arc** en France. On pense que nos ancêtres peinturaient les esprits des animaux pour communiquer avec le monde surnaturel (sacré). Quelques peintures ont plus de 30 000 ans !

VÉNUS : DÉESSE MÈRE

Plusieurs familles préhistoriques avaient dans leur demeure une statuette à l'image de la femme enceinte. Ces figurines, que les archéologues appellent «vénus», ont été trouvées à divers endroits en Europe et en Asie. La plupart ont plus de 20 000 ans. On pense qu'elles pourraient représenter la première divinité adorée par nos ancêtres, la **déesse mère**.

Les religions anciennes

Monuments grandioses

Les humains de l'époque des premières grandes civilisations pratiquaient des religions **polythéistes**. Chacun des **dieux** représentait une puissance ou un élément de la nature. Par exemple, en Mésopotamie (aujourd'hui l'Irak), Enlil représentait le dieu du vent. Les Mésopotamiens construisaient pour leurs dieux d'immenses **temples**, appelés «**ziggourats**», où on leur offrait nourriture, parfums et bijoux afin d'être protégé.

En Mésopotamie, il y avait dans chaque cité une ziggourat, la demeure du dieu protecteur de la ville. Un bel exemple de ziggourat se trouve à **Ur** en Irak. Elle a été construite vers l'an –2100.

Vers l'an –2500, les Égyptiens ont édifié à **Gizeh** de grandes pyramides pour servir de tombeaux à leurs pharaons. Ceux-ci étaient adorés comme des dieux.

LES MOMIES ÉGYPTIENNES

En Égypte antique, on croyait que la pratique de la **momification** permettait au **défunt** de survivre dans l'au-delà. Le prêtre-embaumeur traitait le corps avec un sel naturel, ce qui la desséchait et l'empêchait de se **décomposer**. Le corps était ensuite emmailloté dans de longues bandelettes de lin. Les momies des **pharaons** étaient déposées dans de magnifiques sarcophages peints à leur image.

Dieux et déesses du monde antique

Les Grecs adoraient jusqu'à 14 **dieux**. Chaque dieu ou déesse avait une force, comme la sagesse (Athéna), l'amour (Aphrodite) ou la chasse (Artémis). Zeus était le roi des dieux. Lorsque les Romains ont conquis les Grecs, ils ont intégré leurs croyances tout en changeant le nom des dieux. Ainsi, Zeus est devenu Jupiter.

Les mythologies anciennes sont aujourd'hui une source d'inspiration pour les créateurs de bandes dessinées et de films de superhéros. La série de bandes dessinées *Thor* est inspirée de la mythologie nordique. Thor est le dieu de la force et du tonnerre.

Le **mont Olympe**, en Grèce, était vu comme la demeure des dieux. Là régnait Zeus.

LA MYTHOLOGIE NORDIQUE

La mythologie nordique était pratiquée par les peuples du nord de l'Europe. Ses traces sont visibles sur les **pierres runiques**, qui servaient à célébrer la mémoire d'une expédition ou d'un **défunt**, par exemple.

Pierre runique de **Ledberg**, en Suède.

Les grandes constructions d'Amérique

Tout comme en Mésopotamie et en Égypte, les civilisations anciennes des Amériques ont construit d'immenses **temples**. Les Mayas et les Incas honoraient les éléments de la nature. Kukulkán, le serpent à plumes, était une importante divinité maya. Inti, le **dieu** Soleil, était au cœur des croyances incas.

Lors des **équinoxes** du printemps et d'automne, les rayons de soleil qui atteignent la pyramide maya de **Chichén Itzá**, au Mexique, créent un jeu de lumière qui ressemble au corps sinueux d'un serpent. Pour les Mayas, l'équinoxe faisait ainsi apparaître Kukulkán, le serpent à plumes !

Le plus important temple inca était **Coricancha**, situé à Cuzco, au Pérou. Les Incas y adoraient Inti, le dieu Soleil, et le décoraient avec beaucoup d'or, car l'or était considéré comme la sueur d'Inti. Lorsque les Espagnols ont conquis le Pérou, ce temple a été pillé et détruit. Il n'en reste que la base, sur laquelle se dresse aujourd'hui un couvent.

Les rois incas étaient souvent couverts d'or.

Tumulus et mégalithes

Il y a des milliers d'années, des humains ont transporté des tonnes de terre ou de roches pour créer des tumulus, c'est-à-dire des montagnes de terre ou de pierres. Ils ont aussi créé des mégalithes, des monuments faits d'énormes pierres. Tumulus et mégalithes pouvaient surmonter des tombes ou être utilisés comme **sanctuaire** pour célébrer des cérémonies religieuses. Certains peuples **autochtones** des États-Unis ont été de grands bâtisseurs de tumulus.

Dans l'État américain de l'Ohio, on a découvert un gigantesque tumulus, qu'on a appelé «tumulus du Grand Serpent». On ignore quel peuple l'a créé.

Un **menhir** est une pierre de forme allongée placée à la verticale. Dans la bande dessinée *Astérix*, on fait souvent appel à Obélix pour en transporter. C'est un clin d'œil aux menhirs millénaires du site de **Carnac**, en France.

Vieux de plus de 4000 ans, les mégalithes les plus célèbres sont à **Stonehenge**, situé dans la plaine de Salisbury en Angleterre. Les pierres géantes semblent former un sanctuaire.

Les religions ancestrales

Les religions ancestrales sont pratiquées depuis des siècles par les populations **autochtones** de la planète. Dans ces religions généralement **animistes**, la nature et les ancêtres sont sacrés.

Les religions ancestrales d'Océanie

Selon les croyances des populations autochtones d'**Océanie**, les ancêtres ont une force extraordinaire. Pour les aborigènes d'Australie, par exemple, les ancêtres ont créé la planète au « Temps du Rêve ». Ce temps fabuleux expliquerait l'origine du monde.

Au cœur de l'Australie se dresse la montagne sacrée **Uluru**. Selon les aborigènes Anangu, les esprits de leurs ancêtres s'y trouvent.

En Nouvelle-Zélande, le **mont Taranaki** est un volcan sacré pour le peuple maori. Ce mont dispose de droits, comme une personne !

Les autochtones de l'**île de Pâques** ont créé des centaines de gigantesques statues, nommées « moais ». Sculptées dans la roche volcanique, elles représentent les ancêtres.

Les religions ancestrales d'Afrique

L'Afrique est une magnifique mosaïque de peuples et de croyances. Des offrandes et des **rites** rythment les moments importants de la vie. La danse, le chant et les masques des ancêtres font également partie de ces rites.

Au Botswana, les **collines de Tsodilo** sont sacrées pour les communautés San. Les esprits de leurs ancêtres y résident. Les traditions et les croyances des San sont parmi les plus anciennes du monde. Certaines peintures sur les parois de Tsodilo ont plusieurs milliers d'années !

Il y a plusieurs siècles, le roi Kpassè a subitement disparu dans une **forêt du Bénin**. Les communautés locales, qui pratiquent le **vodun** (ou vaudou), considèrent que son esprit demeure encore et toujours dans un arbre de cette forêt, devenue sacrée.

CULTE VAUDOU

Dans le **culte** vaudou, il y a le monde visible (celui que nous habitons) et le monde invisible, peuplé d'esprits. Les croyants pratiquent des rites pour communiquer avec les esprits et obtenir leur protection. Ce culte, né en Afrique de l'Ouest, s'est répandu il y a quelques siècles dans les colonies d'Amérique lorsque les esclaves africains y ont été emmenés de force. Aujourd'hui, ses pratiquants allient souvent les rites vaudou et chrétien.

Les religions ancestrales d'Amérique

Pour les Premières Nations d'Amérique, le grand cercle de la vie se retrouve dans les quatre **points cardinaux**. Chaque direction a une signification. L'Est symbolise le printemps et la naissance. Le Sud évoque l'été et la jeunesse. L'Ouest représente l'automne et le vieillissement. Le Nord exprime l'hiver et la sagesse (ou le repos). Tous veillent à l'équilibre du cercle.

Au Canada et aux États-Unis, les **autochtones** de la côte du Pacifique ont sculpté des totems dans des troncs de cèdres. Ils représentent les animaux protecteurs et l'histoire du clan.

Dans plusieurs religions ancestrales, un prêtre guérisseur appelé « chaman » a les pouvoirs de communiquer avec les esprits et de guérir les malades en chassant les mauvais esprits.

Ce **totem** exposé dans le parc Stanley, à Vancouver (Canada), a été sculpté par les artistes Ellen Neel et Mungo Martin de la nation Kwakiutl.

Sedna est la déesse inuite de la mer. Lorsqu'elle est fâchée, ses cheveux s'emmêlent dans une mer déchaînée et la pêche est mauvaise. Un chaman doit alors utiliser ses pouvoirs pour lui peigner les cheveux et l'apaiser. Une **statue de Sedna** trône sur la côte de Nuuk, au Groenland.

Les religions ancestrales d'Asie

Plusieurs Asiatiques s'identifient davantage à une philosophie de vie qu'à une religion. Ainsi, plutôt que de croire en un **dieu**, ils privilégient des valeurs telles que l'équilibre, l'harmonie ou le respect des ancêtres. Ce sont des religions « philosophiques ».

L'une des plus anciennes est le **confucianisme**, fondé en Chine il y a environ 2500 ans par Confucius. Celui-ci enseignait les façons de bien vivre en société. Peu après s'est développé le **taoïsme**. Ses adeptes suivent le Tao, c'est-à-dire « la Voie » pour atteindre l'harmonie et l'équilibre entre toutes choses. Même les éléments contraires, comme la lumière et l'obscurité, doivent s'accorder pour former un tout équilibré. C'est le principe du « yin et du yang ».

Symbole du yin et du yang

Plusieurs **temples** taoïstes sont perchés à flanc de montagne, comme les sanctuaires vertigineux des **monts Wudang**, en Chine.

LE SHINTOÏSME

Né au Japon il y a près de 2000 ans, le **shintoïsme** est une religion fondée sur le caractère sacré de la nature. Une forêt, une montagne et même une cascade peuvent abriter des divinités, ou « esprits ». Les **sanctuaires** sont ornés de **torii**, de magnifiques portails. Ils symbolisent l'entrée dans le monde des esprits.

L'hindouisme

Fondé en Inde, l'hindouisme est une religion **polythéiste** tellement ancienne qu'on ne sait pas qui en est le fondateur. On croit qu'elle existe depuis plus de 5000 ans! Parmi la multitude de **dieux**, il y en a trois très importants : Brahma le créateur de l'Univers, Vishnou le protecteur et Shiva le destructeur et régénérateur. Pour les hindous, toute vie est sacrée. C'est pourquoi ils sont souvent végétariens et respectent les animaux. Les hindous suivent les enseignements écrits dans les **Veda**, des textes très anciens, et croient en la réincarnation.

C'EST QUOI LA RÉINCARNATION ?

La **réincarnation**, c'est la croyance qu'après la mort l'âme survit et revient sur Terre dans une autre forme de vie : une plante, un animal, un autre humain. Selon le principe du **karma**, ta vie sera jugée d'après tes actions. Une mauvaise vie entraîne davantage de souffrances dans la prochaine vie (mauvais karma). Au contraire, tu souffriras moins si tu as été bon. Tu pourras même être libéré du cycle des réincarnations et atteindre un état de bonheur éternel, appelé « moksha » (chez les hindous) ou « nirvana » (chez les bouddhistes).

En automne, les hindous célèbrent **Divali**, la fête des lumières, en allumant de petites lampes et en tirant des feux d'artifice. Au printemps, c'est **Holi**, la fête des couleurs. On sort alors dans les rues pour s'asperger de poudres multicolores.

Des temples magnifiques

L'hindouisme est la troisième religion la plus pratiquée, avec un peu plus d'un milliard d'adeptes. Il est particulièrement répandu en Inde et au Népal. Plusieurs **temples** hindous sont finement sculptés, on les dirait faits de dentelle. D'autres abritent des animaux en liberté, tels que des singes.

À Madurai, en Inde, un temple dédié à la **déesse Mînâkshî** est formé de 14 magnifiques tours aux murs ornés de milliers de sculptures aux couleurs vives.

Au Népal, l'immense complexe de **Pashupatinath** est dédié au **dieu** Shiva. À côté coule la rivière sacrée Bagmati. À partir des ghâts (escaliers), les hindous se baignent dans ses eaux pour se purifier le corps.

Situé au Cambodge, **Angkor Wat** est un ensemble de temples construit il y a environ 900 ans. À l'origine, il était dédié au dieu hindou Vishnou, mais il a été plus tard transformé en **sanctuaire** bouddhiste. C'est le plus grand ensemble religieux du monde !

Le bouddhisme

Le bouddhisme fait partie des religions «philosophiques». Ses pratiquants partagent une philosophie de vie fondée sur les enseignements du Bouddha. Bouddha n'est pas un **dieu**, mais un prince né il y a près de 2500 ans…

Un peu d'histoire

En Inde antique, le riche prince hindou Siddhārtha Gautama a 29 ans lorsqu'il rencontre quatre personnes qui lui font découvrir la pauvreté, la douleur, la vieillesse et la mort. Consterné, le prince décide de tout quitter! Il consacrera désormais sa vie à **méditer** pour se libérer de ses envies et de ses désirs, qui engendrent selon lui de la souffrance et un mauvais **karma**. Après des jours et des nuits de méditation, Siddhārtha devient «le Bouddha», ce qui signifie «l'Éveillé». Il s'est libéré de ses désirs pour atteindre le nirvana, un état de bonheur permanent. Bouddha enseignera ensuite à des **disciples**, ceux qui veulent suivre son exemple. C'est le début du bouddhisme, qui se répandra en Asie, puis dans le monde.

Comme les hindous, les bouddhistes croient au karma et à la **réincarnation**, un cycle de vies et de morts dont on peut se libérer en se débarrassant de ses désirs.

Le bouddhisme à travers le monde

Aujourd'hui, il y a près de 510 millions de personnes qui pratiquent le bouddhisme dans le monde. C'est la religion la plus pratiquée en Asie après l'hindouisme. Les **temples** et les monastères bouddhistes sont nombreux en Asie du Sud-Est (Myanmar, Thaïlande, Cambodge, Laos).

Lorsqu'ils **méditent**, certains bouddhistes utilisent un **mantra**, une phrase ou un mot qui est répété pour aider à se concentrer. Par exemple, le son « Om » est une forme de mantra. Il est aussi utilisé dans le yoga, une technique de relaxation très populaire partout dans le monde.

Chaque année, en avril, le Nouvel An bouddhiste est l'occasion d'un grand festival d'eau. Dans les rues, les gens festoient en s'aspergeant d'eau.

Le site archéologique de **Bagan**, au Myanmar, est constellé de pagodes bouddhistes vieilles de près de 1000 ans.

À Bangkok, en Thaïlande, le temple **Wat Pho** abrite un gigantesque Bouddha couché et doré.

En Indonésie, le **sanctuaire** millénaire de **Borobudur** est considéré comme le plus grand monument bouddhiste du monde.

Le judaïsme

Dans une religion **monothéiste**, il n'y a qu'un seul **dieu**. Abraham est reconnu pour être à l'origine des religions monothéistes : judaïsme, christianisme, islam, sikhisme, bahaïsme. Le judaïsme est la plus ancienne de ces religions.

Un peu d'histoire

On dit qu'Abraham habitait la cité d'Ur, en Mésopotamie (Irak), vers l'an −1800. Au début, il adorait les dieux mésopotamiens, dont le protecteur d'Ur, le dieu Lune. Un jour, Abraham a entendu la parole de Dieu. Il lui demandait de quitter son pays et de se rendre sur la terre de Canaan (aujourd'hui Israël). Dieu lui a promis une grande descendance s'il suivait ses enseignements et s'il abandonnait les autres dieux.

Les juifs se considèrent comme les descendants d'Abraham. Ils pratiquent le judaïsme en suivant les lois de la **Torah**, leur livre sacré, et en se rassemblant à la **synagogue**, leur **temple** religieux.

La **synagogue de Subotica**, en Serbie, est parmi les plus grandes d'Europe.

Yom Kippour est la plus importante célébration juive. Les juifs se réunissent alors à la synagogue pour prier et recevoir le pardon de Dieu pour les fautes commises. Certaines prières juives sont magnifiquement chantées.

Jérusalem : ville sainte

Il y a près de 15 millions de juifs dans le monde. Ceux-ci vivent pour la majorité aux États-Unis et en Israël, où on peut visiter Jérusalem, la seule ville sainte du judaïsme.

À Jérusalem, les juifs vont se recueillir au Mur occidental, parfois appelé « Mur des Lamentations ». C'est ce qui reste du second **temple** de Jérusalem, un grand **sanctuaire** juif détruit par les Romains en l'an 70 de notre ère. Ce site est considéré comme le plus sacré du judaïsme. Aujourd'hui, les juifs insèrent des prières dans les fissures du mur.

La Shoah

La Shoah, ou Holocauste, est le nom donné au **génocide** (massacre) de 6 millions de Juifs par l'Allemagne nazie pendant la Seconde Guerre mondiale (1939-1945). Aujourd'hui, il existe plusieurs lieux, qu'on appelle « mémorial », créés à la mémoire des victimes de cette horrible tragédie.

À Berlin, en Allemagne, les gens sont invités à se recueillir au **Mémorial aux Juifs assassinés d'Europe**. Ce mémorial est composé de plusieurs centaines de blocs de béton rectangulaires symbolisant des pierres tombales.

Le christianisme

Le christianisme commence après la mort de Jésus le Christ vers l'an 30 de notre ère. On dit que de ses **disciples** ont été témoins de sa résurrection, c'est-à-dire de son retour à la vie quelques jours après sa mort. Les disciples décident alors de propager la bonne nouvelle ainsi que les enseignements du Christ. Ils sont les premiers chrétiens. L'amour ainsi que l'aide aux malades et aux pauvres font partie des valeurs enseignées par Jésus. Celui-ci promet, à ceux qui font le bien, la vie éternelle auprès de **Dieu**.

Au fil du temps, des **missionnaires** ont propagé les enseignements de Jésus partout sur la planète en s'aidant de la **Bible**, le livre sacré des chrétiens. Aujourd'hui le christianisme est la religion la plus pratiquée dans le monde, avec près de 2,3 milliards de fidèles. Il existe quatre grandes branches chrétiennes : les chrétiens orthodoxes, les catholiques romains, les protestants et les anglicans.

La croix est le symbole des chrétiens.

La majestueuse statue nommée **Christ Rédempteur** surplombe la ville de Rio de Janeiro, au Brésil. Elle mesure 38 mètres de haut, l'équivalent d'un immeuble de 12 étages !

Les chrétiens célèbrent la naissance du Christ à **Noël** et sa résurrection à **Pâques**, deux fêtes importantes du christianisme.

Des églises et des cathédrales

L'**église** est le lieu où se réunissent les chrétiens pour prier. Une des églises les plus anciennes est la première basilique Saint-Pierre de Rome, construite vers l'an 330 de notre ère. Cette église aurait été bâtie sur la tombe de Pierre, **disciple** de Jésus et le premier pape (chef) des chrétiens catholiques. À partir du Moyen Âge, on assiste à la construction d'églises immenses et magnifiques, appelées « cathédrales », décorées de grands vitraux colorés.

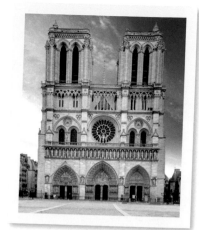

L'une des cathédrales les plus célèbres est **Notre-Dame de Paris**, en France. Sa construction, débutée en 1163, a duré près de 200 ans !

Située dans l'État du Vatican, la **basilique Saint-Pierre de Rome** a été rebâtie de façon grandiose il y a près de 500 ans.

À **Lalibela**, en Éthiopie, on peut admirer des églises orthodoxes qui ont été creusées dans le roc vers le début des années 1200.

Les églises chrétiennes orthodoxes sont souvent coiffées de jolis dômes, comme ceux de la **cathédrale Saint-Basile de Moscou**, en Russie.

L'islam

L'islam, la religion des musulmans, est né des révélations divines qu'aurait reçues Mahomet. Né à La Mecque vers 570, Mahomet est reconnu comme un **prophète** envoyé par Allah, le nom donné à **Dieu** par les musulmans. Ceux-ci suivent les enseignements de Mahomet qui se trouvent dans le **Coran**, le livre sacré de l'islam.

La Kaaba est un édifice recouvert de soie noire situé au cœur de la grande mosquée de **La Mecque**, en Arabie saoudite. C'est le site le plus sacré de l'islam.

Cinq piliers (ou devoirs) sont au cœur de l'islam :

1. Faire une profession de foi (déclaration) qu'il n'y a qu'un Dieu, Allah, et que Mahomet est son Prophète.

2. Faire les cinq prières par jour.

3. Donner de l'argent pour aider les plus démunis.

4. Observer le **jeûne** du ramadan.

5. Effectuer un **pèlerinage** à La Mecque au moins une fois dans sa vie.

Pendant le mois du **ramadan**, les musulmans pratiquent un jeûne en se privant de boire ou de manger le jour. Les repas sont pris tôt le matin, avant le lever du soleil, ou le soir à la tombée du jour. Le ramadan se termine par une fête, l'**Aïd el-Fitr**. On se réunit alors autour de grands festins.

L'islam dans le monde

L'islam est la deuxième religion la plus pratiquée dans le monde, avec près de 1,8 milliard de fidèles. Il existe quelques courants différents dans l'islam. Les plus importants sont le sunnisme et le chiisme. Les sunnites sont les plus nombreux et représentent 85 % des musulmans. La religion musulmane est très répandue dans le Nord de l'Afrique et au Moyen-Orient.

La **mosquée** est le lieu où les musulmans se rassemblent pour prier. Elle est composée d'au moins une tour nommée « minaret ». Du haut de cette tour, un membre de la mosquée (le muezzin) appelle les fidèles à la prière cinq fois par jour.

La ville de Samarcande, en Ouzbékistan, était jadis un grand carrefour sur la route de la soie, qui reliait autrefois la Chine au Proche-Orient. Samarcande abrite de nombreux trésors d'architecture musulmane.

Construite en l'an 537 de notre ère, **Sainte-Sophie d'Istanbul** (Turquie) était d'abord une église. Elle a été transformée en mosquée en 1453, lors de la conquête musulmane de la ville. Quatre minarets lui ont été ajoutés.

L'une des plus grandes mosquées du monde est la **mosquée Hassan II** de Casablanca, au Maroc. Elle a été inaugurée en 1993.

Des religions récentes

Des religions sont nées récemment dans notre histoire. Elles ont été inspirées par d'autres religions, avec une touche de modernité.

Le sikhisme

Le sikhisme a été fondé en Inde par Guru Nanak il y a 500 ans. Cette religion est née d'un mélange de l'islam et de l'hindouisme. Les quelque 27 millions de fidèles croient en un seul **Dieu**. Ils suivent les enseignements moraux de dix gurus (ou maîtres) recueillis dans le **Guru Granth Sahib**, leur livre sacré. Pour les sikhs, l'égalité de tous, la générosité et l'honnêteté sont des valeurs importantes. Les hommes et les femmes sont égaux.

Comme les hindous, les sikhs célèbrent en automne **Divali**, la fête des lumières. On allume des lampes en plus d'illuminer le ciel par des feux d'artifice.

À Amritsar, en Inde, les sikhs vont prier à **Harmandir Sahib**, surnommé le « Temple d'Or ». C'est un lieu de **pèlerinage** très important pour les sikhs.

Le bahaïsme

À Wilmette, aux États-Unis, la communauté bahá'íe se rencontre dans ce majestueux **temple** entouré de jardins.

Le **culte** bahá'í est la plus récente religion pratiquée aujourd'hui. Cette religion **monothéiste** a été fondée en Iran vers 1850 par Bahá'u'lláh. Les enseignements bahá'ís sont basés sur des valeurs telles que l'harmonie entre les sciences et les religions, l'égalité entre les hommes et les femmes, ainsi que la paix universelle.

L'égalité des sexes dans les religions

Les hommes et les femmes ont des rôles traditionnels dans beaucoup de religions, mais il en existe certaines où les femmes jouent un rôle très important. Ainsi, dans les cultes **autochtones** d'Amérique du Nord, les femmes peuvent être chamanes. Elles peuvent aussi être prêtres ou pasteures dans plusieurs confessions chrétiennes.

Les religions de demain

La majorité des croyants espèrent aujourd'hui mettre fin aux rivalités afin de favoriser le respect, l'égalité et la paix dans le monde. Plusieurs souhaitent, comme aux lointaines origines de la religion, trouver du réconfort et de l'émerveillement devant la force et les beautés de la nature.

Cette **église transparente** a été créée en 2011, en Belgique, par les architectes Pieterjan Gijs and Arnout Van Vaerenbergh.

Activités

1. Dans toutes les langues

Français	Religion	
Anglais	Religion	se prononce « re-li-dji-on »
Espagnol	Religión	se prononce « ré-li-hion »
Italien	Religione	se prononce « ré-li-ji-oné »
Allemand	Religion	se prononce « re-li-gui-on »
Mandarin	宗教	se prononce « djong jiao »
Arabe	دين	se prononce « dine »
Russe	религия	se prononce « rè-li-gui-ya »

2. Qui suis-je ?

1. Aussi grand qu'un immeuble de 12 étages, je surplombe la ville de Rio de Janeiro, au Brésil.

2. Venu du Nord, je suis à la fois un **dieu** et un héros de bande dessinée.

3. Je suis la ville sainte de trois religions : le judaïsme, le christianisme et l'islam.

4. Je suis un animal très respecté par les Premières Nations d'Amérique, car je peux communiquer avec le Grand Esprit.

5. Riche prince indien, j'ai décidé de tout quitter pour simplement **méditer**.

6. J'ai le pouvoir de guérir les malades en chassant les mauvais esprits.

7. Sur le mont Olympe, je suis le roi des dieux.

8. Au Mexique, lors des **équinoxes**, le soleil me fait apparaître dans l'escalier d'une pyramide.

9. Pour apaiser ma colère, il faut me peigner les cheveux.

10. En Égypte, je suis adoré comme un dieu et la pyramide est mon majestueux tombeau.

3. Associe chaque religion à un symbole

Associe chaque religion au symbole qui la représente le mieux. Ce symbole est souvent une image simple. Il apparaît dans les livres et sur les monuments religieux, sur les drapeaux et peut même orner des objets, tels que des bijoux.

1. Religion de l'Égypte antique   2. Hindouisme   3. Judaïsme   4. Bouddhisme
5. Taoïsme   6. Christianisme   7. Shintoïsme   8. Islam   9. Sikhisme   10. Bahaïsme

Glossaire

Animiste : Personne qui attribue une âme aux êtres vivants, à certains objets et aux phénomènes naturels.

Autochtone : Personne vivant sur le territoire de ses lointains ancêtres.

Culte : Hommage que l'on rend à un dieu ou à une divinité ; cérémonie par laquelle on rend cet hommage.

Décomposer (se) : Se défaire en morceaux toujours plus petits, jusqu'à devenir de la terre.

Défunt : Personne morte.

Dieu : Être suprême d'une religion.

Disciple : Personne qui suit les enseignements d'un maître ou d'un prophète, dans une religion.

Équinoxe : Moments de l'année où la durée du jour est égale à celle de la nuit.

Jeûne : Le fait de se priver de manger.

Méditer : Se plonger dans une réflexion profonde pour se calmer le corps et l'esprit.

Monothéiste : Une personne qui croit en un dieu unique.

Océanie : Continent qui regroupe l'Australie et les îles de l'océan Pacifique.

Pèlerinage : Voyage fait par les croyants vers un site religieux important.

Polythéiste : Une personne qui croit en plusieurs dieux.

Prophète : Personne qui dit parler au nom de Dieu ou qui a entendu l'appel de Dieu et qui transmet sa parole. Jésus et Mahomet sont des prophètes.

Rite : Règle ou cérémonie associée à une religion.

Sanctuaire (temple) : Édifice consacré aux cérémonies religieuses, lieu sacré.

Réponses aux activités

Qui suis-je ? : 1 – Christ Rédempteur (statue) ; 2 – Thor ; 3 – Jérusalem ; 4 – Aigle ; 5 – Siddhārtha Gautama (Bouddha) ; 6 – Chaman ; 7 – Zeus ; 8 – Kukulkán (serpent à plumes) ; 9 – Sedna (déesse de la mer) ; 10 – pharaon

Symboles religieux : 1 – e ; 2 – h ; 3 – f ; 4 – g ; 5 – i ; 6 – j ; 7 – d ; 8 – b ; 9 – a ; 10 – c